JEAN GRANCHER

DE TRAINOU

DIT

JEAN D'ORLÉANS

PEINTRE DES ROIS CHARLES VI ET CHARLES VII
ET DE JEAN, DUC DE BERRY

(Documents inédits)

Par L. JARRY

Membre de la Société de l'Histoire de l'Art français
et de la Société archéologique et historique de l'Orléanais

ORLÉANS
H. HERLUISON, LIBRAIRE-ÉDITEUR
17, RUE JEANNE-D'ARC, 17

1886

LE PEINTRE

JEAN GRANCHER

DIT

JEAN D'ORLÉANS

(Extrait du Bulletin 130 de la Société archéologique et historique de l'Orléanais.)

JEAN GRANCHER

DE TRAINOU

DIT

JEAN D'ORLÉANS

PEINTRE DES ROIS CHARLES VI ET CHARLES VII
ET DE JEAN, DUC DE BERRY

(Documents inédits)

Par L. JARRY

Membre de la Société de l'Histoire de l'Art français
et de la Société archéologique et historique de l'Orléanais

ORLÉANS
H. HERLUISON, LIBRAIRE-ÉDITEUR
17, RUE JEANNE-D'ARC, 17

1886

JEAN GRANCHER

DE TRAINOU

DIT

JEAN D'ORLÉANS

PEINTRE DES ROIS CHARLES VI ET CHARLES VII
ET DE JEAN, DUC DE BERRY

(Documents inédits)

I

La *Gazette des Beaux-Arts* a publié, dans ses livraisons des mois de février, avril et mai 1884, un travail magistral de M. Léopold Delisle, sous ce titre : *Les Livres d'heures du duc de Berry*. Il avait déjà consacré à la superbe bibliothèque du frère de Charles V un chapitre de son *Cabinet des Manuscrits*. Mais, en restreignant son sujet aux livres d'heures de Jean de Berry, M. Delisle a pu s'attacher davantage aux manifestations artistiques de la fin du XIVe et du commencement du XVe siècle, dont la collection princière, la principale du temps, offre des modèles très remarquables.

Ces études sont un double service rendu aux savants et aux artistes. Pour les premiers, la publication des inventaires fait revivre, par la pensée, des trésors qui ne sont plus, ou dont la description permettra d'exhumer de temps à autre quelques épaves.

Pour les peintres, les critiques d'art, les collectionneurs; M. Delisle leur indique, avec une attribution certaine, date, nom d'auteur, un véritable état-civil en un mot, des chefs-d'œuvre de notre vieille école française, si brillante par d'exquises qualités, et dont les défauts même, avec leur naïve inexpérience, ne sont pas exempts d'un certain charme.

L'administrateur général de la Bibliothèque Nationale a reconnu environ le tiers des manuscrits du duc de Berry, 89 sur environ 300 ; et, pour les livres d'heures, où s'est particulièrement exercé l'art des calligraphes et des enlumineurs, il permet de les retrouver avec leur numéro d'ordre dans l'immense dépôt qui lui est confié, sur les rayons d'une bibliothèque quasi-royale, dont une généreuse donation vient d'enrichir le premier corps savant de la France, et chez quelques amateurs privilégiés.

Comme celui de tous les initiateurs, ce travail engendrera certainement de nouvelles recherches et des découvertes, par conséquent. C'en est une bien modeste, en ce genre, que nous venons signaler.

Il est presque banal de dire, pour la France surtout, que les noms de nos plus anciens artistes sont presque tous inconnus, et que, parmi ceux que l'on a fait surgir en assez grand nombre; depuis quelques années, beaucoup ne furent jamais que d'obscurs artisans. A la vérité, c'est chose difficile que de les distinguer les uns des autres, puisque les plus renommés peintres du moyen-âge s'astreignent souvent aux besognes les plus vulgaires ; ils font tout ce qui concerne leur métier.

Le nom patronymique et la qualification de peintre, retrouvés dans un article d'archives ou un registre de notaire, ne suffisent donc pas toujours à désigner, à coup sûr, un artiste. Quant à la découverte d'un « marché d'œuvres » intéressant, c'est le *rara avis* au commencement du XVe siècle.

Nous devons donc nous estimer heureux d'avoir rencontré le nom de Jehan Granchier avec la qualification de « peintre de Monseigneur le duc de Berry » sur un acte en apparence dénué d'intérêt. Bien qu'il soit complètement ignoré des écrivains qui ont pris la tâche de dresser la liste de tous les noms d'artistes français, comme M. Émile Bellier de la Chavignerie, la désignation ci-dessus est suffisante pour qu'on le range parmi les peintres qui ont travaillé pour le duc de Berry, et dans les meilleurs ; c'est déjà une illustration, pour un artiste, que d'avoir été attaché à la personne de ce protecteur éclairé des arts.

Il a certainement, en apparence, un désavantage, c'est qu'on ne connaît aucune de ses œuvres ; mais peut-être en découvrira-t-on plus tard. Que savait-on, il y a un siècle, d'André Beaunepveu, de Jacquemart de Hesdin, de Pol de Limbourg ? Pas même leur nom, sauf peut-être quelque savant archiviste de la Chambre des Comptes. Le nom de Granchier survit aujourd'hui ; prenons patience pour ses œuvres, elles se révèleront aussi.

Les trois artistes ci-dessus sont désignés par M. Delisle, d'après les inventaires, comme ayant peint les heures du duc de Berry. Comme beaucoup de peintres et de verriers à cette époque, ils étaient d'origine flamande ; le nom de deux d'entre eux l'indique assez, et Beaunepveu, le plus célèbre des trois, parce qu'il fit aussi des œuvres de sculpture pour Charles V, était de Valenciennes.

Notre Granchier a donc sur eux un avantage à son tour, celui d'être Français ; et l'intérêt s'augmente encore pour nous qui le croyons Orléanais. Les documents suivants semblent l'établir suffisamment :

« Le venredi vi^e^ jour de juing (mil IIII^c^ et X),

« Jehan Granchier, *pintre de Mons. le duc de Berry*, vent et transporte à touzjours à Michau Josse, de la parroisse de Trino (1), pour lui, ses hoirs, etc., une masure, vergier, vigne et terres que led. vendeur disoit avoir assis en ladicte parroisse de Trino, au lieu de l'Orme au Creux, en plusieurs pièces, tout contenant deux arpens et demi d'éritaige et tout l'éritaige que led. vendeur avoit, povoit et devoit avoir aud. lieu de l'Orme,

(1) C'est la forme du nom de Trainou au XVe siècle.

tenans à Jehan Granchier de Trino, d'une part, et à Jehan Peguin, d'autre part. A telx cens, etc., Ceste vente faicte pour huit livres tournois paié, etc., quict, etc., dessaisi, etc., saisi, etc., Promectant non venir contre, garentir, etc., Oblig., etc.

« Led. vendeur doit aud. acheteur lesd. VIII livres tournois pour autre cause, à paier moitié à la Toussains prochaine venant et moitié à la Toussains ensuivant, nonobstant, etc. Cous, etc., plége Jehan Peguin, de Trino. Obl. lesd. debteur et plége chacun pour le tout.

« Jehan Granchier, *de la parroisse de Trino*, donne et transporte à touzjours à *Jehan Granchier, son filz*, pour lui, ses hoirs, etc., les héritaiges qui ensuivent assis en la parroisse de Trino ; c'est assavoir : Une pièce de terre contenant ung arpent, estant à la masure aux Roys, tenant au chemin qui vient de Lory et va à Jargueau, d'une part ; aux marches de l'Orme aux Creux, d'autre part ; à Gilet Courte, d'autre part, et à la rue de ladicte masure, d'autre part. It. une autre pièce de terre, contenant ung tercier à ladicte masure, tenant à Thenot Bonnet, de deux pars, et à ladicte rue de la masure, d'autre part, en la censive de Chapitre de Sainte Croix d'Orléans, lesquelles deux pièces de terre led. donneur a naguères achetées de Jehan Sohier et Belon, sa femme. It. une autre pièce de terre, contenant trois quartiers assis ou clos au Soudant, tenans à Michau Josse, d'une part, et aud. Gilet Courte, d'autre part. Réservé l'usuffruit desd. héritaiges à les tenir et prendre par led. donneur et par Jehanne, sa femme, leurs vies et du seurvivant durans seulement. Cest don fait pour Dieu et en aumosne, etc., et en avansement de succession, etc., dessaisi, etc., saisi, etc., Promett. non venir contre, obl. et par foy, etc. »

(6e Registre de Guillaume Giraut, notaire à Orléans. — Étude Fauchon.) — (1).

(1) Nous adressons tous nos remercîments à M. Fauchon, titulaire de l'étude de Guillaume Giraut, pour nous avoir laissé prendre copie de ces actes.

II

De tout temps, les artistes ont été prodigues et les pères indulgents. Jehan Granchier n'avait certes pas fait fortune ; les actes qui précèdent le prouvent abondamment. Mais il n'y a qu'un père pour donner à son fils, qui vend son bien pour payer ses dettes, d'autres héritages destinés, sans nul doute, à suivre le même chemin. Aussi stipule-t-il qu'il le fait « pour Dieu, en aumône et en avancement de succession ».

Or, Jehan Granchier, le père, est désigné par les actes comme étant « de la parroisse de Traînou ». Connaissant l'adhérence au sol des familles rurales, surtout au moyen âge, nous nous croyons autorisé à voir dans ce village, situé à 6 lieues nord-est d'Orléans, le pays où vivaient les Granchier et, par conséquent, le lieu d'origine de Jehan Granchier, le fils ; et à réclamer ce dernier, comme artiste orléanais. Il est ainsi tout proche voisin, à deux cent cinquante ans de distance, de notre graveur Antoine Masson, né à Loury en 1636, et mort à Paris en 1700.

Notre artiste, dans ces actes authentiques, comparaît avec son véritable nom ; et nous avons constaté qu'il est complètement inconnu. Mais n'aurait-il pas, comme beaucoup de ses confrères et de même qu'un grand nombre de ses contemporains de tout ordre, été tenté de prendre un nom de guerre, un surnom? Traînou, même avec sa forme Trino, sonne assez mal à l'oreille, et ne dit rien à l'imagination. Mais ce village est à proximité d'Orléans.

Or, on est effrayé et dérouté tout à la fois, dans les recherches, en voyant le nombre de gens qui prennent, comme sobriquet, le nom de leur province ou de sa capitale.

Nous avons vu plus haut Pol de Limbourg et Jacquemart de Hesdin; à la même époque vivaient Colart de Laon, Ancelet de Sens; et, un siècle plus tard, Colin d'Amiens.

La liste de ces exemples serait trop longue. Limitons-nous à Orléans, qui n'échappe pas à la loi commune, et restreignons-nous seulement aux artistes. Dès 1292, on trouve « Jehan d'Orliens le paintre » au *Rôle de la Taille de Paris en 1292*, publié par M. Géraud, dans la *Collection des documents inédits;* et sa femme dans le rôle de 1313 publié, pour les peintres seulement, par M. V. Dufour.

Les peintres cités dans ces rôles portent surtout des prénoms, auxquels on joint l'indication du métier; presque tous ceux qui ajoutent des noms les empruntent à la ville ou à la province dont ils sont originaires.

Au siècle suivant, se pressent : Girart d'Orliens, peintre et valet de chambre du roi Jean, qui le suivit en Angleterre (les actes le concernant vont de 1344 à 1379) ; Jehan d'Orléans, qui remplit les mêmes fonctions auprès de Charles V et de Charles VI. La carrière de celui-ci fut longue, de 1364 à 1426; à moins qu'on ne doive compter successivement deux personnages du même nom, pour cette durée de temps. Son fils, François d'Orléans, le remplace près du roi, en l'an 1408, avec les mêmes attributions et les mêmes gages. Un autre François d'Orléans avait déjà peint, pour le roi, en 1365.

Faut-il citer Simon et Raoulet d'Orléans, copistes et enlumineurs célèbres au XIVe siècle; et, pour le nom de Jean seul : Jean d'Orléans, chirurgien du roi en 1486, Jean d'Orléans, charpentier, employé à la construction de l'hôtel de ville de Bourges en 1487, et encore Jean d'Orléans, peintre à Bourges en 1506?

Pour tous ces artistes, les documents abondent; ils ont été publiés dans les *Anciennes* et *Nouvelles Archives de l'art français*, la *Bibliothèque de l'École des Chartes*, les *Ducs de Bourgogne*, l'*Histoire du Berry*, la *Gazette des Beaux-Arts*, le *Cabinet des manuscrits* et les *Mandements de Charles V*, sous les noms, qui reviennent toujours à la plume quand il s'agit d'histoire de l'art, de MM. de Montaiglon, Vallet de Viriville, de Laborde, de Girardot, Ul. Robert, Grandmaison, J. Guiffrey, L. Delisle.

Revenons à Jean d'Orléans, dont nous avons dit quelques mots. De 1364 à 1408, il est peintre en titre des rois de France et leur valet de chambre. Dans cette condition, il n'exécute pas seulement des tableaux pour le roi et les nombreux présents offerts à l'entourage, il décore en outre les châteaux et les appartements royaux et s'occupe même du mobilier, des *chaeres* pour le sacre et des *bers* pour les enfants de France. Ce n'en est pas moins un des plus célèbres maîtres de notre vieille école française.

En 1408, il disparaît de la cour, où son fils François d'Orléans le remplace officiellement dans ses fonctions. En 1416, le 15 juin, Jean, duc de Berry, meurt à l'hôtel de Nesle, à Paris ; c'est un Jean d'Orléans, peut-être le même, qui préside, le 21, au service funèbre, et décore de peintures et d'écussons une chapelle provisoire construite aux Augustins ; et, le 27, avec des détails analogues, figure à la cérémonie de Bourges.

Jehan Granchier, peintre du duc de Berry, en 1410, ne devait-il pas être chargé de ce soin, alors qu'André Beaunepveu est déclaré *feu* dans un inventaire de 1413 ?

On voit qu'un Jehan Gauchier, clerc des joyaux du duc de Berry, reçoit des petites heures manuscrites pour avoir fait l'inventaire des biens du duc. Y a-t-il lieu d'insister sur cette similitude de noms, peut-être fortuite, avec ce Gauchier, qui rappelle toute une famille de peintres exerçant à Orléans aux XVe et XVIe siècles ? doit-on l'identifier avec Jehan Granchier ?

Nous préférons appeler l'attention sur un autre rapprochement.

M. l'abbé Valentin Dufour, Parisien, à qui l'on doit tant de brochures curieuses sur l'histoire de sa ville, a rassemblé et coordonné les documents et pièces originales, déjà publiés partout ailleurs, sur Girard d'Orléans, les Jean d'Orléans et François d'Orléans, dans une charmante brochure de 164 pages, intitulée : *Une famille de peintres parisiens.*

Il y aurait bien, si l'on voulait, quelques chicanes à faire sur une lecture un peu négligée des textes originaux; sur les liens étroits dont l'auteur rattache à une même famille tous ces membres épars, en exceptant Jean (II) et François d'Orléans, dont la filiation est parfaitement justifiée; sur le titre même de l'ouvrage, où l'écrivain, *Parisien* un peu exclusif, accapare pour *Paris* des artistes qui portent tous le nom ou le surnom d'*Orléans*. N'y regardons pas de trop près; nous souscrivons volontiers, pour notre part, à l'attribution faite à Jean d'Orléans, plutôt qu'à Colart de Laon, de la scène où Louis d'Orléans est représenté dans la chapelle des Célestins, et de la danse macabre du Charnier des Innocents.

Mais ce dont nous sommes surtout reconnaissant à M. l'abbé Valentin Dufour, c'est, après avoir rapporté tout ce qu'on doit à notre confrère, le regretté baron de Girardot, sur le séjour de Jean d'Orléans à Bourges jusqu'en 1426, d'ajouter, à la page 127, cette note, que nous voulons reproduire in-extenso :

« M. H. Boyer, bibliothécaire de la ville, dont il connaît bien « l'histoire, nous a dit avoir trouvé notre Jehan d'Orléans, sur- « nommé Grangier; ce qui prouverait qu'il était propriétaire et « bourgeois de Bourges. »

Ne semble-t-il pas, sauf que nous disons le contraire, que nous soyons bien près de nous entendre avec M. l'abbé V. Dufour? D'après lui, Jean d'Orléans aurait porté le surnom de Grangier. Nous croyons, nous, que Jean Granchier, de Traînou, s'est fait nommer Jean d'Orléans. Conclusion : l'un et l'autre ne feraient qu'un même personnage.

Nous n'avons pas voulu traiter la question dans tous ses détails, en reprenant à nouveau toutes les mentions relatives aux travaux de Jean d'Orléans; ce sera peut-être l'objet d'un autre travail. Nous avons seulement présenté des hypothèses qui nous semblent toucher de bien près la vérité.

La parole est maintenant à M. A. de Champeaux, inspecteur des beaux-arts, à la haute compétence duquel, sur la demande de M. Delisle, nous renvoyons les documents sur Jean Granchier, pour l'étude qu'il prépare concernant les travaux d'art exécutés par les ordres du duc de Berry. Nous serions heureux de l'avoir mis sur la voie d'une importante découverte artistique.

III

Nous en étions à ce point de nos recherches où, après s'être avancé prudemment, comme le voyageur sur un sentier presque disparu, l'on s'arrête hésitant ; lorsque deux excellents guides sont venus nous assurer que nous étions dans le bon chemin.

MM. de Champeaux et H. Boyer furent consultés tout naturellement sur le problème qui s'offrait à nous, et dont nous pensions entrevoir la solution. Leur réponse, inspirée par une parfaite obligeance, ne laisse rien à désirer.

C'est une véritable moisson que, pour nous, M. Boyer a bien voulu récolter dans ses archives du Cher. Qu'on en juge par les extraits suivants ; nous ne pouvons mieux faire que de citer textuellement les termes de sa lettre :

« En 1410, deux actes, l'un de la Sainte-Chapelle, l'autre du Chapitre du Château, montrent : l'un, — Johannes Grancher, *aliàs* d'Orléans, pictor ; — l'autre, — Johannes Grancherii, *aliàs* de Aurelianis, — acquérant des immeubles, l'un desquels doit servir d'emplacement à l'hôtel qu'il fit bâtir alors.

Nous devons faire amende honorable, pour l'accusation de prodigalité que nous avons légèrement portée plus haut contre Jean Granchier. S'il vendait ses immeubles de Traînou pour payer des dettes, en 1410 ; la même année, il en achetait d'autres à Bourges, dans le but de se construire un hôtel !

« Cet hôtel existe encore derrière celui du Bureau des finances et presque à égale distance de l'hôtel Jacques-Cœur et du Palais ducal ou plutôt de la Sainte-Chapelle du duc Jean de Berry. »

Ici une légère contradiction, du moins en apparence; car on peut être propriétaire d'une maison et locataire d'une autre. M. de Champeaux cite, de mémoire, à la date de 1430 ou environ, « une quittance du trésorier de la Sainte-Chapelle portant remise à — Johannes Grangier, *aliàs* d'Orléans, — d'une somme de trois écus qu'il devait à titre de locataire d'une maison située rue Secrétain, en considération des démarches qu'il avait faites pour faire confirmer le chapitre dans la possession d'une tour qui dépendait de cette maison. »

M. Boyer reprend :

« Il est encore nommé — Granchier — dans un titre de vente du fonds du chapitre de Saint-Pierre-le-Puellier (de Bourges), en date de 1417.

« Mais un mandat du trésorier de la Sainte-Chapelle, de 1433, le nomme — Johannes Grangier, *aliàs* de Aurelianis. —

« Des lettres-patentes de Charles VII, du 28 avril 1432 (n. st.), en faveur de la Sainte-Chapelle et tirées de ce fonds, portent : — Nostre amé varlet de chambre Jehan Grancher dit d'Orleans.

« Enfin, dans le registre des comptes de la Sainte-Chapelle, pour l'exercice 1458-59, figure encore — Jehan Granger, *aliàs* d'Orléans, peintre, — tandis que dans l'exercice de 1462-63, (les intermédiaires manquent), il est remplacé par Guillaume.

« Un acte de vente des minutes du notaire Rivière, du 2 janvier 1467, mentionne — l'ostel des héritiers feu Jehanny Gaulcher dit d'Orléans, — et dit que cet hôtel appartient à son fils, Guillaume d'Orléans, demourant à Yssouldun ».

Ce nom de Jean Gaucher, qui décidément nous poursuit, semble ici mis par erreur pour Jean Grancher, remplacé vers la même époque, à cause de son décès probablement, par son fils, appelé Guillaume dans les deux documents.

A l'aide de ces extraits de documents authentiques, notre base s'est bien élargie, semble-t-il, depuis le commencement de cette notice et n'en est devenue que plus solide. On peut essayer, du moins, de trouver des solutions plus satisfaisantes aux questions qui viennent de se présenter.

Le nom de l'artiste, comme dans les actes de M. Fauchon, s'écrit presque toujours Granchier; ce que traduit fidèlement le latin : *Grancherii*. Le mot Grangier n'en est que la forme adoucie, *ch* en *g*, par le langage vulgaire. En outre, au XVe siècle, on écrivait volontiers *ier* la finale des noms en *er;* ainsi : Fouchier, Bouchier, pour Foucher, Boucher. Nous écririons actuellement Grancher et Granger.

Quant à l'identité de Jean Grancher avec Jean d'Orléans, elle est absolument tranchée par les nombreuses citations de M. Boyer : Jehan Granchier, *aliàs* d'Orléans ; c'est également l'opinic de nos honorables correspondants.

En ce qui concerne la durée de la vie de Jean Grancher, l'embarras ne fait qu'augmenter.

M. l'abbé V. Dufour, qui donne généreusement, mais sans preuves, à Girart d'Orléans Jean d'Orléans pour fils, attribue à ce dernier un exercice allant de 1364 à 1426, années extrêmes, fournies par les documents connus alors qu'il publiait son volume. Cela est déjà bien raisonnable, car le peintre devait être dans la maturité de son talent, ainsi que l'auteur le constate, pour être chargé, par Charles V, et comme peintre du roi, de certains travaux du Sacre.

Mais ce système n'est plus soutenable, en présence des nouveaux faits produits par M. Boyer, puisqu'il faudrait encore prolonger cette longévité durant trente-quatre ans, de 1426 à 1460. En effet, le savant archiviste du Cher nous fait justement remarquer que, dans les registres de la Sainte-Chapelle de Bourges, Jean figure encore en 1458-59; mais il est remplacé, au compte de 1462-63, par son fils Guillaume. Il mourut donc vers 1460.

Il faut alors, de toute nécessité, reconnaître l'existence de deux personnages surnommés Jean d'Orléans, pour le moins. Mais comment les distinguer ?

Cela serait facile, peut-être, si l'on mettait un jour à exécution l'excellente idée, émise par M. J. Guiffrey, de publier intégralement tous les Comptes royaux du XVe siècle; et il en reste encore un bon nombre d'inédits, ou que l'on a déflorés seulement en partie et sans méthode, même au point de vue exclusif de l'histoire artistique.

Jusqu'à l'accomplissement de ce vœu, que nous appelons de toutes nos forces, notre indécision n'aura sans doute pas lieu d'être fixée.

Nous observons bien, avec M. V. Dufour, une longue lacune de seize ans, dans les articles des Comptes royaux relatifs à Jean d'Orléans, de 1392 à 1408; et l'on peut se demander si cette lacune n'est pas, précisément, la limite de la carrière des deux peintres; le second étant seulement au service de Charles VI, du duc de Berry et de Charles VII.

C'est le parti que nous adoptons, sur le titre de cette notice, sans en être bien satisfait.

On observera, en effet, que Jean Grancher, cédant à son fils le titre de peintre du roi, en 1408, et mourant en 1460, aurait encore joui d'une longue existence; même en admettant que l'un et l'autre aient été doués d'un talent assez précoce pour occuper, tous deux dans leur jeunesse, un office qui exigeait de l'expérience et du talent.

Quoi qu'il en soit; nous pouvons revendiquer, en toute certitude, comme peintre orléanais, Jean Grancher, originaire de Traînou, bien qu'il ait passé une partie de sa vie à Paris et à Bourges, où il mourut.

Quant aux autres artistes portant aussi le surnom d'Orléans, malgré la présente découverte et les graves présomptions qui en sont la conséquence naturelle, nous croyons qu'il sera toujours sage de s'appuyer sur un document analogue à ceux du registre de M. Fauchon, avant de réclamer, pour eux, une sorte de rectification d'état-civil, dans les annales de l'art français.

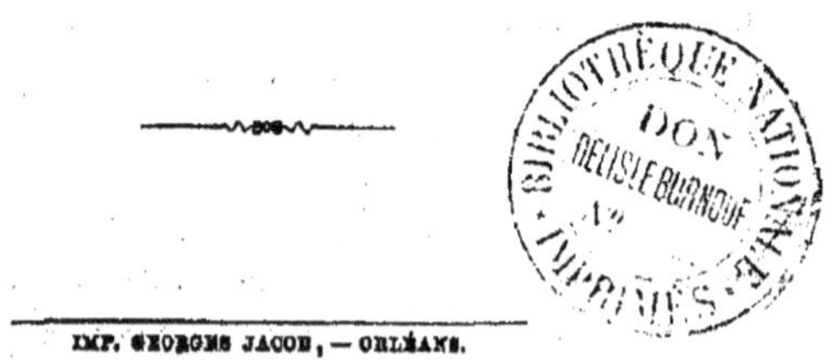

IMP. GEORGES JACOB, — ORLÉANS.

www.ingramcontent.com/pod-product-compliance
Lightning Source LLC
LaVergne TN
LVHW010221230826
846091LV00008BB/3621

9782019214814